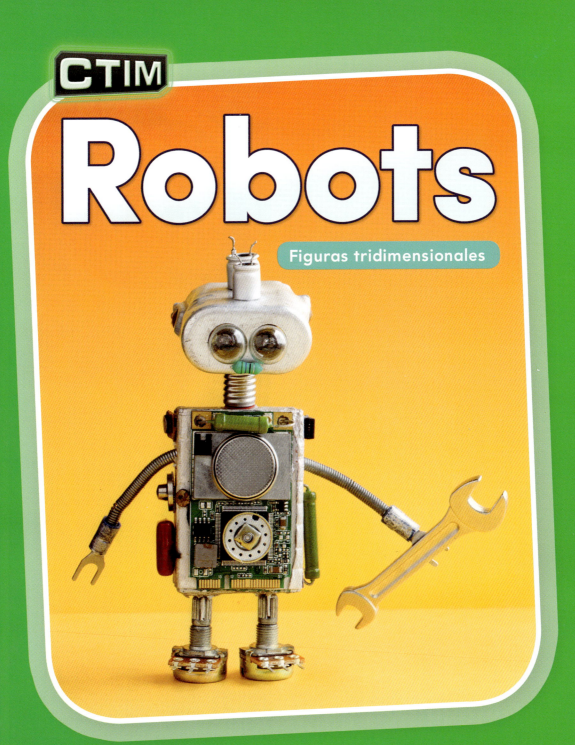

CTIM
Robots

Figuras tridimensionales

Joseph Otterman

Asesora

Colene Van Brunt
Educadora de matemáticas
Escuelas Públicas del Condado de Hillsborough

Créditos de publicación

Rachelle Cracchiolo, M.S.Ed., *Editora comercial*
Conni Medina, M.A.Ed., *Redactora jefa*
Dona Herweck Rice, *Realizadora de la serie*
Emily R. Smith, M.A.Ed., *Realizadora de la serie*
Diana Kenney, M.A.Ed., NBCT, *Directora de contenido*
June Kikuchi, *Directora de contenido*
Caroline Gasca, M.S.Ed., *Editora superior*
Susan Daddis, M.A.Ed., *Editora*
Karen Malaska, M.Ed., *Editora*
Sam Morales, M.A., *Editor asociado*
Kevin Panter, *Diseñador gráfico superior*
Jill Malcolm, *Diseñadora gráfica básica*

Créditos de imágenes: págs.8–17, pág.19 Walter Mladina; todas las demás imágenes provienen de iStock y/o Shutterstock.

Library of Congress Cataloging-in-Publication Data

Names: Otterman, Joseph, 1964-
Title: Robots : figuras tridimensionales / Joseph Otterman.
Other titles: Robots. Spanish
Description: Huntington Beach, CA : Teacher Created Materials, 2019. | Series: CTIM | Includes index. | Audience: Grades K to 3. |
Identifiers: LCCN 2018055932 (print) | LCCN 2019009170 (ebook) | ISBN 9781425823177 (eBook) | ISBN 9781425828554 (pbk.)
Subjects: LCSH: Robotics--Juvenile literature.
Classification: LCC TJ211.2 (ebook) | LCC TJ211.2 .O85818 2019 (print) | DDC 629.8/92--dc23
LC record available at https://lccn.loc.gov/2018055932

Teacher Created Materials

5301 Oceanus Drive
Huntington Beach, CA 92649-1030
www.tcmpub.com

ISBN 978-1-4258-2855-4
© 2020 Teacher Created Materials, Inc.
Printed in Malaysia
Thumbprints.23398

Contenido

Robot sorpresa. 4

Dar forma 6

A comenzar 10

Casi terminado. 14

Maestra orgullosa 18

Resolución de problemas. 20

Glosario 22

Índice 23

Soluciones. 24

Robot sorpresa

"¿Vamos a construir robots?".

Los estudiantes no estaban seguros de haber escuchado bien a la Srta. López. ¿De verdad dijo que construirían robots? Eso esperaban. ¡Construir robots sería divertido!

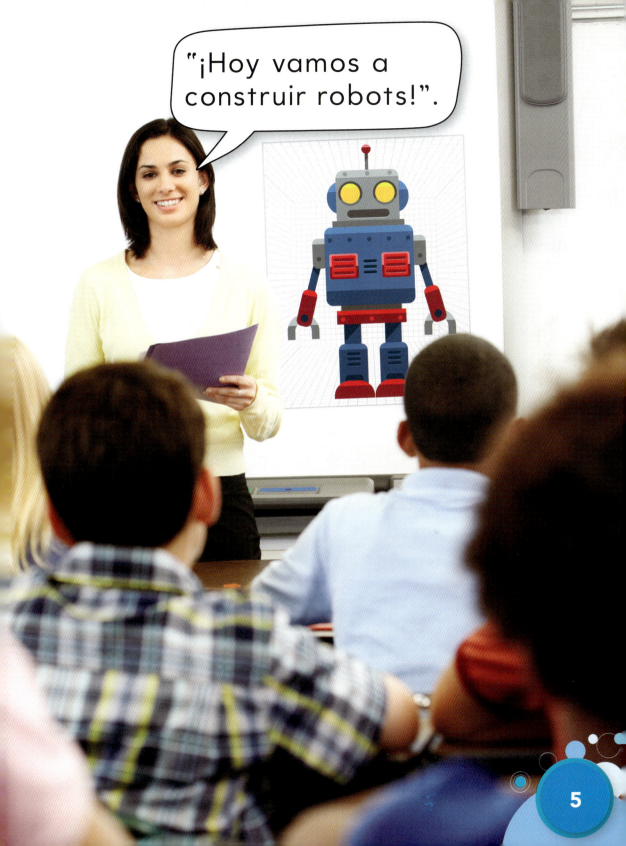

Dar forma

La clase había estudiado figuras tridimensionales (3D) durante toda la semana. Aprendieron sobre **conos** y **cubos**. También aprendieron sobre otras figuras. Cada una es una figura tridimensional.

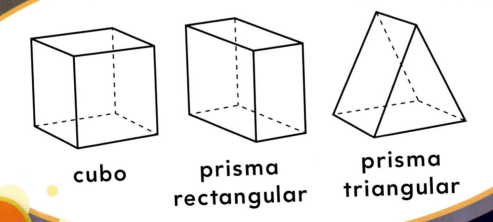

cubo prisma rectangular prisma triangular

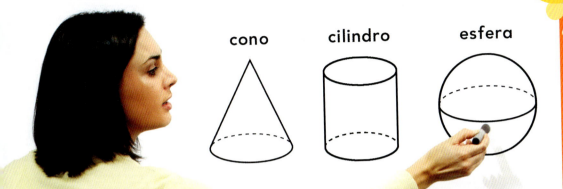

¡HAGAMOS MATEMÁTICAS!

La Srta. López hace un juego con los estudiantes. Les da pistas sobre figuras 3D. Ayuda a los estudiantes a nombrar las figuras.

1. Soy una figura sólida. Soy redonda como una pelota. ¿Qué soy?

2. Soy una figura sólida. Tengo 6 **caras** que son cuadradas. ¿Qué soy?

La Srta. López dijo que la clase construiría robots a partir de figuras 3D. Los estudiantes trabajarían en equipos para construir los robots. Cada equipo construiría su propio robot.

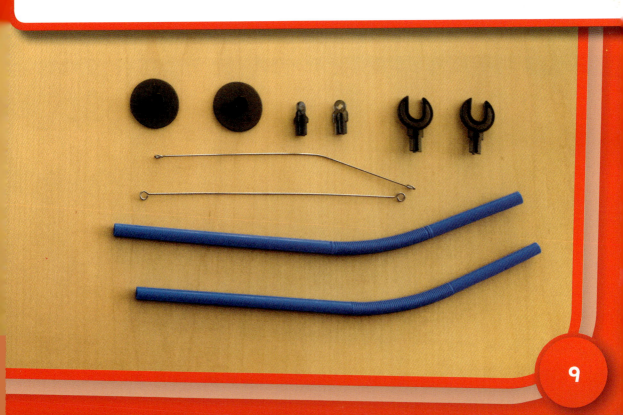

A comenzar

Los equipos debían pensar dónde usar cada figura. Un equipo comenzó con un **prisma rectangular**. Sería una caja de baterías. ¡Haría mover al robot!

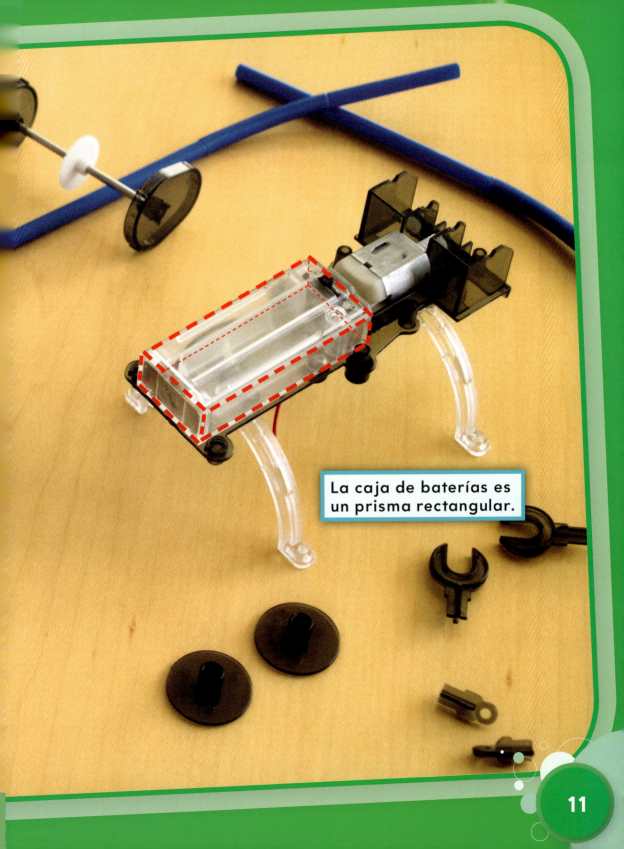

La caja de baterías es un prisma rectangular.

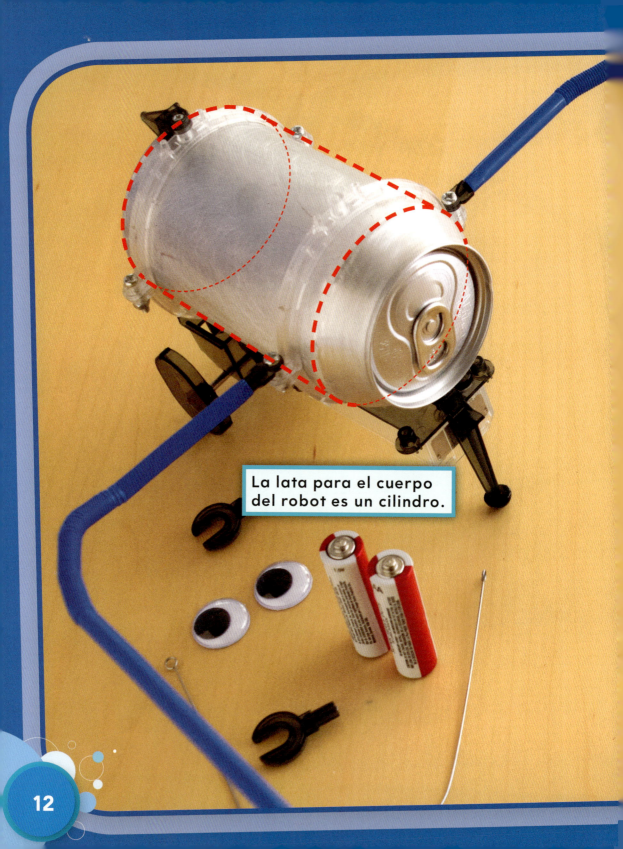

La lata para el cuerpo del robot es un cilindro.

Ese equipo también encontró un buen uso para el **cilindro**. Sería el cuerpo del robot. Lo ataron a la caja de baterías. Luego, agregaron los brazos. ¡Su robot estaba cobrando vida!

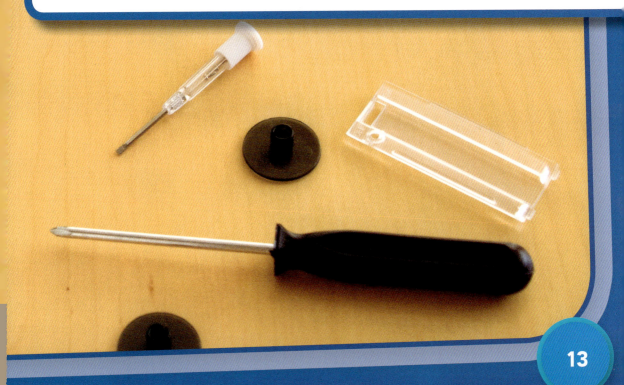

Casi terminado

El equipo observó todas las piezas. Vieron qué figuras 3D quedaban. ¡Hicieron ojos graciosos con **esferas**!

Los ojos son dos esferas.

¡HAGAMOS MATEMÁTICAS!

Otro grupo quiere que su robot sostenga un cono de helado como este. Elige las figuras que necesitan.

A. B. C. D.

Por último, el equipo quería encontrar un sombrero para su robot. Tomaron un cono y lo colocaron encima. ¡El robot se completó!

La parte superior del sombrero del robot es un cono.

¡A la Srta. López le encanta el sombrero del robot! Ella construye una cabeza y un sombrero como este para su robot.

1. ¿Qué dos figuras usa la Srta. López para construir la cabeza y el sombrero?

2. ¿Qué figuras 3D elegirías para construir una cabeza y un sombrero para un robot? ¿Por qué?

Maestra orgullosa

La Srta. López estaba orgullosa de todos los equipos. Habían aprendido mucho sobre las figuras 3D. También se divirtieron.

¡La clase estaba ansiosa por comenzar su siguiente proyecto con figuras 3D!

¡El robot 3D está listo para funcionar!

Resolución de problemas

Ayuda a uno de los equipos de la Srta. López a diseñar un robot. Construye o dibuja un robot usando cubos, esferas, cilindros, prismas rectangulares y conos. Completa las oraciones para describir tu robot. Luego, responde la pregunta.

1.
- El nombre de mi robot es _____.
- Su cabeza es un(a) _____.
- Sus ojos son _____.
- Su cuerpo es un(a) _____.
- Sus brazos son _____.
- Sus piernas son _____.

2. Compara tu robot con el de la página 21. ¿En qué se parecen? ¿En qué se diferencian?

Constructor de robot 3D

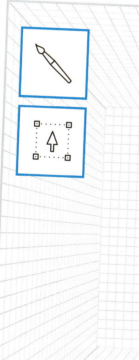
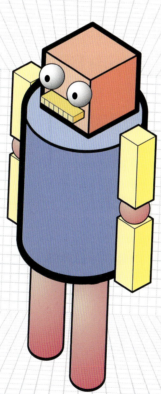

Glosario

caras: superficies planas de las figuras tridimensionales

cilindro: una figura sólida con dos bases circulares y una superficie curva

conos: figuras sólidas con base circular y plana y una superficie curva

cubos: figuras sólidas con seis caras cuadradas

esferas: figuras sólidas redondas

prisma rectangular: una figura sólida con caras rectangulares

Índice

cilindro, 7, 12–13, 20

conos, 6–7, 15–16, 20

cubos, 6, 20

esfera, 7, 14–15, 20

figuras 3D, 6–7, 9, 14, 17–19, 21

prisma triangular, 6

prismas rectangulares, 6, 10–11, 20

Soluciones

¡Hagamos matemáticas!

página 7:

1. esfera

2. cubo

página 15:

A, C

página 17:

1. cilindro, prisma rectangular

2. Las respuestas variarán.

Resolución de problemas

1. Las respuestas variarán.

2. Las respuestas variarán.